Sandor Keszthelyi

Erreichen Sie einen stabilen Wohlstand, nicht jeder kann Millionär werden

Bibliografische Information der Deutschen Nationalbibliothek:
Die Deutsche Nationalbibliothek verzeichnet diese Publikation in der Deutschen Nationalbibliografie; detaillierte bibliografische Daten sind im Internet über http://dnb.dnb.de abrufbar.

© *2015 Sándor Keszthelyi*

Illustration: Sándor Keszthelyi

Herstellung und Verlag: BoD – Books on Demand, Norderstedt

ISBN: **9783738612813**

Inhaltsverzeichnis

Vorwort	7
Kapitel 1 – Werbung	8
Kapitel 2 – Achte darauf, wem du was erzählst	18
Kapitel 3 – Information ist wichtig	19
Kapitel 4 – Auftragsannahme!	20
Kapitel 5 – Beginne zu produzieren	22
Kapitel 6 – Wohlstand	24
Kapitel 7 – Allgemeinheiten die Du noch brauchst	25
Kapitel 8 – Ehrlichkeit	28
Kapitel 9 – Leben und leben lassen	30
Kapitel 10 – Was ist das Geld?	31
Kapitel 11 – Die Lehre über den Gebrauch des Navigationsgeräts	33
Kapitel 12 – Verschiedene Ratschläge	34
Nachwort	36

Vorwort

Mit diesem Buch möchte ich einen Leitfaden geben für all diejenigen, die vielleicht denken, dass sie nicht in der Lage sind sich selbständig zu machen weil... und weil... und weil... Es gibt bestimmt viele Gründe es nicht zu tun, aber es gibt auf jeden Fall genauso viele Gründe es doch zu tun. Jeder der einfach genug Zutrauen in seine Fähigkeiten hat und weiß wie er seinen Beruf ausüben kann und diesen auch gerne macht, hat damit schon eine gute Basis um es zu schaffen.

Alles was ich im Nachfolgenden aufgeschrieben habe sind meine eigenen erfolgreichen Aktionen. Auch ich habe ganz klein angefangen, aber ich wusste, dass ich in meinem Beruf gut bin und ich habe einiges über meine geistigen Fähigkeiten gelernt, was mir letztendlich den Mut gab es zu wagen.

Ich fing an und lernte von Tag zu Tag dazu. Ich machte meine eigenen Erfahrungen. Manches war gut, manches nicht so. Das was gut war verstärkte ich und das andere ließ ich weg.

Mein persönliches Motto war: Blühen und Gedeihen! Nicht aufgeben, wenn Stopps oder Barrieren kamen, sondern herausfinden was dazu führte und dann ging es weiter.

Schließlich wollte ich meine Erfahrungen und mein Wissen weiter geben an Andere, die vielleicht noch nicht so recht wissen ob sie den Schritt in die Selbständigkeit wagen sollen oder nicht, und an diejenigen die es schon sind aber vielleicht noch nicht so ganz gut vorankommen.

Ich wünsche Ihnen, dass Sie es genauso schaffen wie ich und Ihre Firma ebenso blüht und gedeiht wie meine, dass Ihre Angestellten gerne bei Ihnen arbeiten mögen und Ihre Kunden nur Gutes über Sie und Ihre Arbeit erzählen.

1. Kapitel - Werbung

Das Leben verändert sich ständig. Immer wieder kommen neue Möglichkeiten, es ist aber nicht für jeden machbar. Nicht jeder ist in eine Millionärsfamilie geboren, oder hat einen Millionär geheiratet, oder einen 6er im Lotto gehabt.

Auch verliert er sein Geld vielleicht, weil er nicht gelernt hat „Nachschub" erschaffen zu können. Das Geld ist wie Wasser, es fließt von einer Person zur anderen. Deswegen muss man erst lernen die „Strömung" zu machen".

Wohlstand zu erreichen ist leichter, als Millionär zu werden, und somit nicht ein unerreichbares Ziel.

Um Millionär zu werden muss man Glück haben, in der passenden Zeit muss man am passende Ort sein, mit passenden Personen oder auf passende Themen treffen, oder man muss irgendetwas sehen bzw. wahrnehmen, und die Person muss in so einer persönlichen Situation sein, dass sie es überhaupt machen kann.

Ein Angestellter verdient wenig und verkauft dafür seine Arbeitskraft, wofür er sich nicht schämen muss. Wie lange er braucht um einen oder zwei Berufe zu erlernen und die nötige Praxis dabei zu erlangen ist akzeptabel, das braucht er für seine Zukunft. Doch wie lange er seine gute Erfahrung in seinem Beruf erlangt und immer noch als Angestellter arbeiten will das ist seine Entscheidung.

Es ist bequemer ein Angestellter zu sein als ein Selbstständiger. Man hat nicht so große Verantwortung. Man muss nur dafür gerade stehen was man in seinem Job tut.

Ein Selbstständiger kann viel mehr verdienen. „Die Grenze sind die Sterne im Himmel", sagt man, es ist oft übertrieben, aber einen guten Wohlstand kann man erreichen.

Wie?

Das kommt später.

Es zählt nicht, wie viele Stunden man arbeitet, wichtig ist, dass man ein Ziel vor Augen hat das man erreichen kann und das auch möglich ist erreicht zu werden - ein reales Ziel, was man in einer absehbaren Zeit erreichen kann. Und wenn man es erreicht hat, kann man für sich selbst ein anderes, höheres Ziel aussuchen und man wird es erreichen, weil man die Fundamente hat, wie man es erreichen kann.

Auf einem Fahrzeug habe ich die folgende Aufschrift gelesen: *„Wenn es nichts gibt, wofür du leben kannst, dann lohnt es sich nicht zu leben".*

Nun werde ich erzählen, wie eine einfache Person, die keine hohe Schulbildung hat, aber trotzdem intelligent ist, ein kleines Unternehmen aufbauen und aufrechterhalten kann, so dass ein bestimmter Wohlstand erreicht wird, und sie genug Geld hat. Erreiche dies zuerst und dann kannst Du auch Millionär werden.

Zuerst brauchst Du einen Beruf, etwas das du gelernt hast.

Koch, Dreher, Gärtner, Buchhalter, Maler, Kosmetikerin, Masseur etc., Deinen Beruf musst Du gut kennen, sei nicht maximalistisch, sondern mache es!

Wie?

Du brauchst zuerst einen Ort, wo Du Dich niederlassen kannst. Du kannst ihn mieten. Auch brauchst du Büroeinrichtung, Werkzeuge, Fahrzeug, alles, was Du zum ausüben Deines Berufes brauchst.

Ausgangsposition:
- Du hast einen Beruf
- Du hast Werkzeuge
- Du hast eine Gewerbeanmeldung

Als nächstes musst Du werben.

Wenn Du Dich entschieden hast, selbstständig zu werden, und Du Deinen Gewerbeschein bekommen hast, kannst Du Aufträge aufnehmen. Nur: Du bist der einzige, der das weiß! Niemand anderer weiß etwas darüber!

Du solltest dafür sorgen, dass die Menschen über das was Du tust Bescheid wissen!

Nun ist es Zeit zu werben. Du machst bekannt was Du tust oder welches Produkt Du herstellen bzw. anbieten kannst!

Aber wie musst Du werben?

Das Fernsehen, die Riesenplakate gehören den Multis. Sie funktionieren so, dass man die Werbung so oft sieht, bis es einmal wirkt. Außerdem, die ganz einfache Person kann so große Wichtigkeit erlangen von ihrer Umgebung, (die auch aus einfachen Personen besteht), wenn sie die Sache, für die sie wirbt benutzt.

Die Werbungszeitungen sind anderes, es sind dort so viele Mengen Werbung aufeinander gelegt, und dadurch verursachen sie eine Verwirrung bei den Lesern.

Probiere es aus: Stelle Dir irgendetwas vor, was Du erledigt bekommen willst, und schlage eine Werbezeitung auf, suche die passende Werbung - Du wirst viele finden, die Auswahl wird immer schwerer, Du versuchst Dich zu entscheiden – und plötzlich merkst Du, dass Du in Verwirrung bist.

Zum Schluss wirst Du entweder die Zeitung zur Seite legen, oder wählst eine Werbung zufällig aus.

Das passiert also mit Deinen zukünftige Kunden.

Mache Deine eigene Werbung! Plane bewusst Deine Zukunft!

Mache eine einfache schwarz-weiße Werbung, DinA5, oder Postkartengröße, kaufe einen Drucker, womit du zum möglichst günstig Preis mehrere Tausend Stück selbst drucken kannst, so dass Du eine vernünftige Kostenminderung hast.

Die Werbung - Deine Werbung - muss einfach sein, leicht überschaubar, gut lesbar, nicht kleinen, dünnen Buchstaben, sondern groß genug, dass jeder es leicht lesen kann, auf einen Blick.

Dein Logo ist nur für Dich wichtig, für deine zukünftigen Kunden nicht, deshalb sollte Dein Logo nicht mit großen Buchstaben darauf sein, sondern das, was Du bietest.

Wenn Du die Werbung von jemand anderen in die Hand nimmst, was interessiert Dich? Sein Logo, oder was er anbietet?

Natürlich muss Deine Telefonnummer, Erreichbarkeit, Name, Adresse gut lesbar sein.

Wenn Deine Werbung fertig ist, muss sie verteilt werden. Zu Fuß, mit dem Fahrrad oder sonst irgendwie in die Briefkästen.

In der ersten Zeit machst Du alles persönlich, um Erfahrung zu sammeln.

Kaufe einen Stadtplan, entscheide wo Du beginnst, und beginne selbst mit der Werbungsverteilung.

Von Haus zu Haus, von Briefkasten zu Briefkasten, systematisch, so dass in jedem Briefkasten Deine Werbung sein wird.

Nach einiger Zeit wirst du wissen, wie viel Stück Werbung zu verteilen an einem Tag möglich ist. Es ist sehr wichtig für später, notiere es Dir.

Nach paar Tage wirst du besser „im Bilde sein". Dann markierst Du auf Deinem Stadtplan „Gebiete" (also einen Teil eines Stadtteils) mit einem gut sichtbaren farbigen Stift. Diese Gebiete müssen so groß sein, wie Du an einem Tag verteilen kannst. Während Du das machst, wirst Du viele Sachen beobachten: welche Firmen noch für sich werben, was für Werbungen auf dem Markt sind.

Auf manchen Briefkästen wird „keine Werbung" oder „Reklame verboten" darauf geklebt sein.

Das musst Du selbst wissen, ob Du da die Werbung rein wirfst oder nicht, ich kann Dir nur Ideen geben:

1. Wenn es da ein Einwurfsverbot gibt, dann wirft höchstwahrscheinlich der andere Werbungsverteiler seine Werbung nicht rein, und wenn Deine drin ist, und die Person sie liest, dann hast du gewonnen.

2. Es kann sein, dass der Inhaber des Briefkastens sich beschweren wird, und Dich anruft. Das Beste was Du in diese Fall tun kannst ist, dass Du seine Aufregung verstehst, Du bestätigst ihn, und bittest ihn Dir seine Adresse zu geben, schreibst sie auf, machst eine Liste und in Zukunft achtest du darauf, dass dort wirklich keine Werbung mehr eingeworfen wird.

3. Das Einwurfverbot ist sehr oft nur gültig für die großen kostenlosen Werbungszeitungen, die so viel Platz im Postkasten brauchen, dass kein Platz bleibt für die normalen Briefe.

4. Manchmal ist das Einwurfsverbot alt, noch vom vorherigen Mieter oder Hausbesitzer, der jetzige Mieter oder Hausbesitzer hat nichts dagegen, dass Werbung eingeworfen wird.

5. Der Gewerbetreibende hat das Recht einzuwerfen aber es gibt auch ein Gesetz dagegen, es ist oft abhängig von dem guten Willen der Personen.

6. Manchmal macht der Mieter oder Hausbesitzer einen extra großen Aufkleber hin damit niemand Werbung einwirft. Wer es nicht sieht, der ist blind. Wirf da wirklich nichts rein.

Deswegen mach die erste Zeit die Verteilung persönlich, denn so bekommst Du reelle Erfahrung, siehst die Gegend und rechnest aus wie viel Du selbst in einer Stunde verteilen kannst und das wird später die Norm.

Später musst Du dann für Verteilung Deiner Werbung einen Angestellten beschäftigen. Diese ganzen Vorbereitungen sind wichtig damit Du die Wirklichkeit kennst.

Außerdem, während Du selbst verteilst, sammele alle mögliche Werbungen von anderen Firmen, so siehst Du, wer sich womit beschäftigt, und wer Werbung in solchem Umfang hat, dass Du sie noch neben Deiner Werbung verteilen kannst. Schreibe ihm einen Brief, schreibe rein, dass Du seine Werbung gern verteilen würdest (Du solltest jetzt schon ausgerechnet haben, was es kostet z. B.1000 Stück zu verteilen), schreibe in welche Stadtteilen du verteilst, und in welcher Regelmäßigkeit, z. B. 1 mal monatlich, und versuche den Preis, den Du angibst, auf die Hälfte zu reduzieren, was der reelle Preis wäre. Dies brauchst Du, wenn Du später Angestellte für die Verteilung der Werbung hast und die Kosten hierfür reduzieren kannst.

Die Werbungsverteilung für die andere Firma kostet ungefähr genau so viel, wie für Dich Dein eigene kostet, aber wenn Du angibst, dass Du für die Hälfte des Preises arbeitest, und Du wirfst zwei Werbungen in den Briefkastens (die sich gegenseitig nicht konkurrieren),dann bekommst Du höchstwahrscheinlich den Auftrag .

Arbeite dafür, dass Du zwei fremde Werbungen neben Deinen verteilst, für die Hälfte des Preises, dann hast Du Deine Werbung fast kostenlos verteilt bekommen.

So kannst Du große Mengen Werbung auf Dein Gebiet verteilen, so planst Du Deine Zukunft.

Du musst Angestellten beschäftigen, nicht einen sondern zwei, drei, vier..., dass sie gleichzeitig in verschiedenen Stadtteilen verteilen, denn es kann sein, dass einer schwindelt, lügt, krank wird, oder nur den halben Tag arbeitet, weil es nicht sein Interesse ist, also musst Du mehrere gleichzeitig beschäftigen.

Mehr wie drei verschiedene Werbungen gleichzeitig zu verteilen lohnt sich nicht. Der Verteiler wird sehr langsam. (du musst es entscheiden).

Noch was: Wenn Du den Werbungsverteilern zum ersten Mal ein Angebot machst, Deinem Angestellten, dann sage gleich am Anfang, dass er drei verschiedene Art von Werbung verteilen soll, dafür bekommt er sein Geld, also 1x soviel, plus 1x soviel, plus 1x so viel, so insgesamt so viel.

Und wenn er zufällig er nur zwei Sorten verteilen braucht, dann bekommt er keinen Abzug, er soll sich darüber freuen; wenn er zufällig nur die eigene Werbung bekommt, dann kriegt er immer noch sein Geld.

Wenn Du ihm sagst, dass dies hier meine Werbung ist und zusätzlich sollst er extra noch das und das austragen, dann kann es sein, dass er das extra bezahlt haben möchte. Das passt nicht in Deinen Plan. Außerdem bist Du der Arbeitgeber! In Wirklichkeit, wenn jemand jobmäßig Werbungen verteilt, dann hat er nicht viel in der Schule gelernt, er ist nicht genügend qualifiziert. Er sollte sich freuen, dass er einen Job bekommt, während er sich weiterbildet. (Aber besser, Du sagst ihm das nicht).

Vier verschiedene Sorten von Werbung können möglich sein bevor es zu viel wird.

Mit dieser Vorstellung hast Du eine Lösung für die Verteilung Deiner Werbung.

Vergesse nicht, Deine Konkurrenz kämpft mit demselben Problem, und mancher lässt deswegen nicht große Mengen verteilen, weil es ihm zuviel kostet! Aber du weißt es jetzt! So verliert deine Konkurrenz, weil sie nur kleine Mengen verteilt. Später, wenn schon alles läuft, kannst Du alles besser organisieren, weil Du die Situationen kennst.

Finde heraus wie viele Leute Du brauchst und mit welcher Regelmäßigkeit in den einzelnen Gebieten verteilt werden muss.

Den folgenden Gedanken brauchst Du zum besseren Verständnis bzgl. Deiner Werbung:

Das Werben als Tätigkeit ähnelt dem Angeln. Der Angler geht zum Wasser, denkt darüber nach welche Art von Fisch er fangen möchte, was für eine Angel oder Köder er braucht, wo er seinen Köder ins Wasser werfen soll, dann macht er es und wartet. Unten, in dem Wasser, gibt es vielleicht einen Fisch, aber hat dieser auch Hunger? Hat er den Gedanke etwas zu essen? Lockt ihn der Köder an, oder nicht? Wenn er den Köder schluckt, dann ist es gut für den Angler. Wenn nicht, dann besorgt der Angler entweder einen anderen Köder oder er geht zu einer anderen Stelle angeln.

Mit Deinen zukünftigen Kunden ist es sehr ähnlich. Die Werbung muss ungefähr in der Zeit in die Briefkästen eingeworfen werden, wenn der Kunde mit der Idee beschäftigt ist, was Du anbietest. Z. B. ein Gärtner im Frühjahr, wenn der Garten wieder aus dem Winterschlaf erwacht oder eine KFZ Werkstatt, wenn der Winter vor der Tür steht und das Auto winterfest gemacht werden muss. Und wenn er in dieser Zeit Deine Werbung liest, dann hast Du gute Chancen, dass er Dich anruft damit Du den Auftrag bekommst.

Er ruft Dich an! Das ist ein sehr wichtiger Punkt. Nicht Du suchst nach dem zukünftigen Kunden und bietest Deinen Dienst an, sondern er ruft Dich an! Andersrum bekommst Du viele „NEIN!". So aber er ruft Dich an, sagt was er haben möchte, und damit hast Du schon 50% des Auftrags in der Tasche.

Viele Versicherungsvertreter die gerade ihren Job anfangen geben ihn genau deswegen wieder auf, weil sie zu viele „NEIN!" einstecken müssen.

Verteile Deine Werbung in großer Menge. Löse es so, dass Du es so kostengünstig wie möglich machst.

Klebe einen großen Stadtplan an die Wand. Mache ihn zu Deinem Gebiet! Es IST Dein Gebiet! Du bist der Eroberer!

Nun zeichne mit einem Markierstift kleinere Gebieten ein, ungefähr so große Gebieten, dass man sie an einem Tag schafft. Gib jedem eine Nummer. Jetzt kaufe so viele Stadtpläne, wie Du

Werbungsverteiler hast, und markiere jeden Stadtplan genau so, und gibt sie ihnen.

Ab jetzt kannst Du jedem sagen, dass er heute das Gebiet Nr. 4 macht, der andere macht heute Gebiet Nr. 7, der nächste macht heute das Gebiet Nr. 18, und so weiter.

Für Deinen eigenen Plan besorgst Du Dir farbige Zettel. Jeder Person, die für Dich Werbung verteilt, wird eine Farbe zugeteilt. Schneide mit einer Schere einen Streifen von dem farbigen Papier ab, schreibe den Namen des Verteilers und das Datum darauf, stecke ihn mit einer Stecknadel auf das Gebiet des Verteilers auf den Stadtplan. Jedem Werbungsverteiler gibst Du eine andere Farbe. Und auf jedem Zettel ist das Datum darauf wann in dem jeweiligen Gebiet verteilt wird.

So kannst du kontrollieren, welches Gebiet wann gemacht worden war.

In der nächsten Verteilungsrunde schreibst Du das neue Datum auf einen neuen Zettel, und steckst ihn neben den alten. So wirst du sehen, wie oft in einem Jahr welches Gebiet Werbung bekommen hat.

Der Werbungsverteiler schwindelt manchmal, es ist schwer zu kontrollieren, aber wenn du es merkst, dann verabschiede Dich besser von ihm.

An manchen Orten ist Werbung in Briefkästen gesetzlich nicht erlaubt, hier muss man raus finden was man tun kann damit die Werbung den zukünftigen Kunden erreicht.

Wenn Du siehst, dass die zukünftigen Bestellungen zurückgehen, dann musst Du die Werbungsverteilung verstärken, oder wenn Du selbst nachgelassen hast, dann musst Du sie wieder ankurbeln.

Hab keine Angst, dass Du keine Arbeit haben wirst. Das Leben ändert sich ständig. In Deinem Beruf sind immer wieder Leuten, die in Rente gehen und so wird Platz frei. Auch kommen immer wieder Neuankömmlinge und Du bist irgendwo in der Mitte.

Das ist der Grund weshalb ich so viel über die Werbung geschrieben habe, weil die Menge der Kunden, die Menge der Bestellung Dir den Wohlstand bringen wird. Deshalb ist es sehr wichtig.

Damit Du es noch besser verstehst:

Du liest jetzt dieses Buch. Als Du die Werbung für dieses Buch gesehen hattest bekamst Du bereits den Gedanken, dass Du mehr Geld verdienen solltest und kauftest dieses Buch.

So funktioniert da! Es ist magisch, es ist ein Naturgesetz. Du musst also nur diesen Moment bei Deinem zukünftigen Kunden erwischen!

2. Kapitel - Achte darauf, wem Du was erzählst

Deine beste Waffe ist Dein Verstand, mit dem Du denkst, womit Du Dir Dinge ausdenkst, Vorstellungen machen kannst die Du bis zum Ende gut durchdenkst

Viele in Deiner Umgebung werden versuchen Dich zu beeinflussen, unglaublich aber wahr! Oft so, dass Du es nicht merkst. Aber das Endergebnis ist, dass Du Dein Ziel, Deine Vorstellungen aufgegeben wirst. Für wen ist es gut? Für Dich oder für Deinen Feind? Wer gewinnt damit?

Du hast Dein Ziel verloren wenn Du zu jemandem darüber gesprochen hast und der andere gewinnt etwas dabei, oft einfach nur, dass er seinen Standpunkt Dir gegenüber gehalten hat Doch damit du hast schon verloren!!!

Wenn Du Dir etwas Großes vorstellst, was die Realität von einem anderen sprengt (einfach weil er nicht so groß denken kann wie Du) und Du erzählst ihm davon, dann wird es schon nicht mehr funktionieren und es ist das Ende der Idee.

Wenn Du Dir irgendetwas ausdenkst, hast Du Dir auch vorgestellt wie es funktionieren wird, und nach Deiner Vorstellung ist es machbar, dann das wird funktionieren!!

Achte darauf, dass Du über Deine Vorstellungen nicht so viel zu anderen erzählst, und wenn Du im Leben schon oft verloren hast, dann beobachte einmal folgendes: Du erzählst Deine Ideen und Vorstellungen Anderen und wirst gestoppt!

Und damit ist der Wohlstand futsch! Und damit ist auch das Millionärsein futsch!

Pass also auf, wem Du was erzählst.

3. Kapitel - Information ist wichtig

Wenn Du Dich gründlich informierst über etwas, ist das gut, aber Du musst aufpassen: die „gründliche Information" bedeutet sehr oft auch, dass Dir alle Nachteile dargelegt werden warum das nicht gut ist was du machen willst und bei fast jeder Tätigkeit gibt es einen Haken warum das nicht gut ist. Oft zeigt es zu viele Schwierigkeiten, zu komplizierte Bedienung, allerlei Stopps, die Dich schließlich zum aufgeben bringen.

Die Buchhalter können dich auch unwillentlich stoppen; ein Buchhalter ist meistens angestellt, er gestaltet das Leben dadurch nicht, aber mancher ist neugierig, wer wie viel verdient, aber er sollte aufgrund seines Berufs die neuesten Paragraphen, Vorschriften, Steuergesetze etc. kennen, er ist also sehr oft Wirkung des Staates, was ihn in Wirklichkeit schwächt.

Es ist genug ihm nur die Materialien für die Buchhaltung hinzugeben, lass ihn machen, und Du selbst brauchst nicht in seiner Nähe zu sein.

Er mindert unabsichtlich Deine Gestaltungskraft!

Beschäftige Dich mit Deiner Arbeit, dass Du mehr Aufträge, mehr Einkommen hast, und wenn irgendwelche neue Steuervorschriften auftauchen, suche nicht den Ausweg, die kleine Hintertür, sondern schaue wie Du noch mehr Einkommen machen kannst.

4. Kapitel - Auftragsannahme!

Wenn Dich jemand anruft aufgrund Deiner Werbung, dann musst du mit ihm kommunizieren. Wichtig – Du solltest vorher einen Kommunikationskurs absolviert haben, einen solchen, bei dem man lernt, wie man zuhört. Das gibt es nicht bei jedem Kommunikationskurs.

Das ist wichtig, weil gleich die ersten Worte oft entscheidend sind ob der zukünftige Kunde den Hörer auflegt oder weiter spricht mit Dir. Wenn Du am Telefon schlechte Manieren zeigst, oder unverständlich sprichst, dann verlierst du.

Danach musst du wahrscheinlich persönlichen Kontakt mit dem Kunden aufnehmen. Wichtig ist Deine Erscheinung, dass Du für Ihn nicht abstoßend wirkst, und Du musst ihn verstehen! Ich meine nicht die Wörter, sondern das was er sagt, was er meint, ausdrücken will.

Wenn Du Dich mit dem zukünftigen Kunden zum erst Mal triffst, begrüße ihn freundlich, du sagst Deinen Namen - vollen Namen - und deutlich. Es kann sein, dass er über irgendetwas von sich spricht, oder über etwas das nicht mit dem zukünftigen Auftrag zusammen hängt - höre ihm zu. Es wird bestimmt nicht lange dauern, aber der Mensch braucht jemand zu dem er sprechen kann, der ihm zuhört.

Genau dasselbe erwartest Du auch von jemand anderem, der mit Dir spricht.

WICHTIG! WICHTIG! Höre zu!

Danach bestätige ihn, dass er merkt, dass Du ihn verstanden hast!

Aufmerksamkeit musst Du ihm geben, ihn fühlen lassen, dass er wichtig ist, und es wichtig ist was er zu sagen hat.

Du musst Ihn bestätigen, damit er merkt - aha, er hat mich verstanden! Natürlich kannst Du das Thema wechseln, wenn er zu lange über andere Dinge redet, die Dich nicht interessieren Aber trotzdem, lass ihn sagen was er auf dem Herzen hat, lass ihn sich aussprechen und erleichtern, höre gut zu und bestätige ihn. Werte ihn nicht ab oder bewerte ihn nicht, er soll fühlen, dass Du ihm Aufmerksamkeit schenkst und danach, wenn er sich ausgesprochen hat, kommt er auf das eigentliche Thema warum er Dich angerufen hat.

Wenn Du es bis hier schaffst, dann hast Du schon fast den Auftrag. Er wird Dir natürlich zeigen, was er haben will und so kommst Du ins Geschäft und holst Dir den Auftrag.

Das sieht bis hier vielleicht sehr kompliziert, vielleicht schwer machbar aus, aber Du musst anfangen, einfach machen, und mit der Zeit wird alles einfacher, und wird alles wie von selbst laufen.

Denke daran:

So vertraut Dir der Kunde, dass Du den Auftrag bekommst, das ist Goodwill[*], denn der Kunde könnte diesen Auftrag auch an Deine Konkurrenz geben!

Dieser Goodwill bei den Menschen ist sehr wichtig! Werte es nicht ab, sondern werte es auf!

*Goodwill: guter Ruf, Ansehen

5. Kapitel - Beginne zu produzieren

Als Ergebnis der Werbungsverteilung werden Dich zukünftige Kunden aufsuchen. Du musst Dich mit ihnen treffen und mit der Arbeit beginnen.

Am Anfang wirst Du wahrscheinlich allein arbeiten, und wenn Du gut arbeitest wirst Du immer mehr Aufträge haben.

Du wirst immer bekannter. Arbeiter werden Dich aufsuchen, mit der Bitte, dass Du sie einstellst, sie brauchen Geld, eine Arbeitstelle zum Überleben.

Aber dies verrät auch, dass er sich keine Arbeit besorgen kann! Aber Du kannst es! Das ist der Unterschied!

Du stellst ihn ein als Angestellten, lernst ihn an und dann lässt Du ihn arbeiten. Er wird arbeiten, der Stopp, warum er kein Selbstständiger ist, warum er keine Aufträge beschaffen kann, liegt in seinem Kopf. Wie ich schon sagte, die größte Waffe ist der Verstand und durch ihn hat er seine Stopps.

Danach stellst Du noch einen ein und danach noch einen und so weiter.

Dann wirst Du schon sehen, wie es läuft.

Du hast ein Produkt, was Du produzieren kannst, was Du von Deinen Leuten machen lassen kannst, und Du brauchst nur noch organisieren. Sie arbeiten! Sie erledigen die Aufträge.

Bei dem Kunden arbeite so als wärst Du selbst der Kunde und was Du erwarten würdest.

So, was würdest du akzeptieren, was nicht? Verschiedene Pausen, die Geschwindigkeit der Leute - kann man ihm beim Laufen die Schuhe zubinden weil er so langsam ist? Trödelt er? Was gehört zu ehrlicher Arbeit und was nicht?

Auch wenn Deine Angestellten beim Kunden arbeiten, ist es wichtig, dass Du diesen Standpunkt den Leuten erzählst. Sie müssen gute, ehrliche Arbeit leisten, in der Art wie sie der Kunde erwartet und gerne dafür bezahlt.

Diesen Gedanken musst Du an Deine Angestellten weitergeben.
Das sind alles Vorbereitungen für ein gut laufendes Geschäft.

6. Kapitel – Wohlstand

Für Deinen Wohlstand brauchst Du eigentlich viele Aufträge und muss es aufrechterhalten, dass Du ständig viele Bestellungen hast.

Jetzt ist die Zeit aber für die erste Rechnung:

Wenn du zum Beispiel 14 Euro pro Stunde, pro Person Gewinn hast und er arbeitet 8 Std. pro Tag, dann 8x14=112 Euro, also 112 Euro sind Deins.

Die verschiedenen Kosten musst Du in den Firmen Bruttopreis einbauen.

Wenn du 10 Arbeiter hast und jeder leistet 8 Std. pro Tag, dann hast Du 1120 Euro an einem Tag. Pro Tag. Aber: Ein Monat hat durchschnittlich 20 Arbeitstage.

20 Tage mal 1120 Euro = 22400 Euro. Monatlich.

Natürlich kann immer was dazwischenkommen, wodurch diese Rechnung nicht stimmt, aber es muss immer noch genügend übrig bleiben.

Gibt es schon einen Wohlstand?! JA!

Du kannst mehr auch verdienen, mit mehr Leuten, aber folge meinem Ratschlag - frage zuerst Deinen Anwalt oder Steuerberater bis wie viel Mann es sich lohnt, wem musst Du es melden, wenn Du mit mehr Leuten arbeitest, Berufsgenossenschaft, Finanzamt, etc., die Dich womöglich in solche Kosten stürzen können, dass es nicht mehr lohnt.

7. Kapitel - Allgemeinheiten, die du noch brauchst

Ich habe schon gesagt, dass Deine Stärke in Deiner Vorstellungskraft liegt, Deine größte Waffe ist Dein Verstand.

Wenn Du Träume hast was Du erreichen willst, wenn Du Dir etwas vorstellen kannst was möglich ist, das ist Deine Kraft.

Schau ständig, was du machen kannst, das Leben ändert sich ständig, schau, wodurch Du noch erfolgreicher sein kannst.

Es ist nicht eine Frage des Glaubens, es ist die KRAFT.

Die Umgebung versucht sehr oft Deine Kraft zu mindern. So schwächt sie Dich.

Ich sage Dir dies deswegen, damit Du es weißt und erkennst, dann bist du schon ziemlich gut dagegen gewappnet.

- Da ist noch etwas anderes worauf Du achten solltest. Wenn Dich um Deine Gesundheit sorgst oder ob Du krank werden könntest, dann schau wie Du Dich ernährst, nimmst Du genügend Vitamine?

- Und noch etwas: Gibt es jemand in Deiner Umgebung der Dich be- oder abgewertet hat? Mit einer Bemerkung, mit einer abwertenden Mimik, jemand der Dich vermindert hat? Damit hat er auch Deine Kraft geschädigt.

Versuche mit Deiner Umgebung so umzugehen, als wärst Du für jeden verantwortlich. Sei nicht eingebildet, unterdrücke sie nicht und gestalte Deine Umgebung mit guter Kommunikation, sei Ursache über alles.

Habe gute Realität über die Dinge mit denen Du Dich beschäftigtest. Verstehe die Menschen mit denen Du redest, Sie müssen es fühlen, dass du auf Sie aufpasst.

Es gibt eine interessante Geschichte dazu:

Zwei Personen unterhalten sich, der eine spricht und spricht, lange, sehr lange. Der andere ist aufmerksam und bestätigt ihn, eine halbe Stunde lang, danach verabschieden sie sich. Der, der so lange gesprochen hat, sagt später zu jemand anderem, dass diese andere Person eine sehr nette, gute Person ist, obwohl sie kaum geredet hat!

- Noch etwas anderes: Du kannst Marktforschung machen, aber wenn Du Deinen Beruf gut ausübst, dann brauchst Du das nicht, Du musst nur Deinen Beruf gut machen. Tatsächlich sind alle Berufe einst aus einer Notwendigkeit entstanden, weil sie gebraucht wurden.

Marktforschung kannst du machen, aber nur um heraus zu finden was die Leute brauchen.

- Etwas was Du noch beachten solltest: Wenn die Konkurrenz groß ist, dann ist das gut! Es bedeutet, dass es viele Wünsche gibt von den potentiellen Kunden die an dem was Du machst interessiert sind.

- Außerdem: Handeln kann man auch, aber heutzutage als Selbstständiger ist das nicht mehr so einfach wie vor ein paar Jahren. Es gibt viele Konzerne, es kann nicht jeder machen.

- Bedenke auch wie sich die Welt verändert: Gutes Beispiel ist der Negativfilm. Vor ca. 30 Jahren gab nur das, es gab kein Video oder digitale Technologie. Eine große Industrie war dafür aufgebaut worden Heute ist die digitale Fotokamera schon in jedes Handy eingebaut, die damalige große Industrie ist kaputtgegangen weil die Welt die Technologie verändert hat.

Solche und andere Änderungen gibt es noch viele, man muss nur beobachten, manchmal ist es nicht einfach, es ist aber ein Beispiel für eine Idee, worauf man achten muss.
Es kann passieren, dass man falsche Entscheidungen trifft, wenn dies so ist, dann muss man es ausbessern.

8. Kapitel - Ehrlichkeit

Wenn Du als Selbstständiger, als Arbeitgeber anfängst und es funktioniert, wirst Du auch Versuchungen ausgesetzt sein irgendetwas zu verheimlichen, so wie einen Seitesprung wenn du verheiratet bist etc. Sicher hast Du schon gehört, dass es nicht gut ist, aber WARUM? Das hat man nicht gesagt.

Hier ist die WARUM:

Du hast eine Vereinbarung gehabt mit jemandem. Bei der Eheschließung auch, da hast Du gesagt, dass Du keinen Seitesprung machst. Als Du Deinen Gewerbeausweis abgeholt und untergeschrieben hast, war Dir klar, dass Du keinen Steuerschwindel machst oder nicht etwas sagst das schlecht für jemand anderen ist und so weiter.

Was es auch ist, Du hast etwas versprochen.

Dann, nach einiger Zeit, tust Du etwas was entgegen diesem Versprechen. Zum Beispiel erhältst Du von einem Kunden Geld für eine viel zu hoch gestellte Rechnung. Dies muss dann natürlich zurück gehalten werden, es darf keiner erfahren. Doch Du weißt es und es beschäftigt Dich mal mehr, mal weniger, aber Du denkst immer wieder daran.

Irgendwann sprichst Du wieder mit dem Kunden und Du fragst Dich ob der andere, gegen den du etwas getan hast, es weiß oder nicht weiß nicht. Natürlich darfst du es nicht fragen, und du darfst es nicht erzählen. Du darfst nicht nachfragen.

Somit kommst Du in eine Unsicherheit, in Deinem Verstand wird ab jetzt ein ständiges JA-NEIN-JA-NEIN-JA-NEIN da sein, und dies verbraucht sehr viel geistige Energie von Dir, Deine geistige Leistungsfähigkeit wird vermindert, Du wirst krank und Du beginnst Dich aus der Umgebung zurückzuziehen. Es ist der Anfang vom Ende.

Stell Dir vor, Du hast mehrere solcher Zurückhaltungen - 10,20-50,100, so weiter - schau Dich in Deiner Umgebung um und Du wirst sehen wie viel Schaden dadurch angerichtet wird.

Ich erzähle dies als Ratschlag, damit Du es verstehst. In Deinem eigenen Interesse ist es, Zurückhaltungen zu vermeiden. Deine Zukunft hängt davon ab.

9. Kapitel - Leben und leben lassen

„Leben und leben lassen" ist ein altes Römisches Sprichwort, ich gebe es mal sinnbildlich weiter: Ich produziere irgendetwas, möchte dafür soundso viel Geld haben, und sage zu dem Interessenten, gib mir es, es ist ein reeller Preis. Wenn ich dann etwas kaufe sagt der Verkäufer wie viel es kostet und wenn es reell ist, gebe ich ihm diese Summe. So bildet sich ein guter wirtschaftlicher Kreis.

Heutzutage auch!

Aber mancher Kunde hält es nicht ein, nicht weil er handeln will sondern weil er wenig Geld hat. Er will keine minderwertigeren Produkte bekommen, aber den reellen Austausch will er nicht geben.

In diesem Fall ist es oft genug dieses „leben und leben lassen" zu erzählen, dann ändert er oft seine Meinung und wenn nicht, dann musst du schauen was Du tust, ob Du bei Deinem Geschäft bleibst oder nicht.

Das Geschäft musst du als ein Spiel auffassen. Du brauchst Dich nicht alles selber machen, dadurch verlierst du letztendlich nur. Spiel hat etwas mit Emotion zu tun, je höher Deine Emotion ist umso leichter geht das Spiel. Hier zu gehört auch noch, dass Du das Geld fließen lassen musst.

10. Kapitel - Was ist das Geld?

Das Geld kannst du als Flüssigkeit verstehen. Es ist die Idealisierung eines bestimmten Wertes in Summen der ausdrückt was jemand bereit ist zu zahlen für eine bestimmte Sache oder Dienstleistung. Es ist das Ergebnis dessen was jemand geben möchte.

Das Geld strömt. Von einer Stelle zur anderen. Jedoch der Unterschied zum Wasser ist, dass das Geld in Richtung Vakuum fließt. Je mehr man zahlt um so weniger hat man, irgendwann ist keines mehr da. Die Antriebskraft um immer wieder mehr Geld zu kreieren ist Goodwill, also das Ansehen, der gute Ruf Deiner Firma.

Wie machst du das? Du machst eine Strömung: Verteilst Werbung oder erzählst darüber was Du tust. Der Kunde könnte Deine Konkurrenz wählen aber er nimmt Dich, denn er hat Gutes über Dich bzw. Deine Firma gehört. Deswegen bekommst Du den Auftrag und das Geld von hm, Du musst zu den Menschen, mit denen Du in Verbindung stehst, gute Beziehung haben, damit sie auch eine gute Meinung über Dich haben, und dann bildet sich eine Strömung, der Kreis schließt sich. Diese Strömung ist Dein Geld.

Du kannst es Dir auch vorstellen wie Wasser das in einen Stausee fließt, der Fluss fließ auf der einen Seite hinein und auf der anderen Seite wieder heraus.

Natürlich gibt es auch Wasser das verdunstet oder es wird Wasser entnommen (das ist Dein Geld), doch dadurch, dass es immer nachströmt bleibt der ständige Fluss erhalten.

Mit der Werbung startest Du die Strömung. Dadurch entstehen natürlich etwas Kosten, aber du lässt sie an einer Seite herausströmen und an der anderen Seite bekommst kommt dadurch die Strömung herein.

Es ist wichtig, dass Du das vor Augen hast, denn ohne Vorstellungskraft kannst Du kein Geschäft machen. Du musst es Dir ausmalen können.

Es kann sein, dass du dazu 1, 2, 3... Jahre brauchst alles aufzubauen, aber es geht nicht alles prompt!

Wie ich schon sagte: Gestalte Dein Leben so, dass Deine Kunden Dich aufsuchen werden, denn nicht Du sollst nach ihnen suchen sie werden Dich finden.

- Wenn die Kunden Dich aufsuchen so gibt das Dir Kraft (Power).

- Wenn Du nach Ihnen suchst, fragt fast jeder nach allerlei Möglichkeiten, Du wirst dann viele „NEIN!" bekommen, und das mindert Deine Kraft (Power).

11. Kapitel -
Die Lehre über den Gebrauch vom Navigationsgerät

Folgendes ist passiert: Eine Bursche war schon seit ca. einem Jahr in einer fremden Stadt. Dort hat er Arbeit bekommen und er ist ständig mit einem Navigationsgerät gefahren. Er wohnte im Stadtzentrum wo es kaum Parkplätze gab. Einmal hat er keinen Parkplatz in der Nähe gefunden sondern ca. 300 Meter weit weg. Er stellte sein Auto ab und nun jetzt ist der Akku vom Navi leer geworden. Er schaute sich um und wurde verwirrt, hat nicht gewusst wo er ist. Es ist zum schämen, aber er musste seinen Freund anrufen und ihm sagen, dass er nicht weiß wo er ist, er soll an die und die Straßenecke kommen und ihn abholden, denn er findet nicht nach Hause.

Und noch etwas ist passiert: Ein anderer Bursche, auch in einer fremden Stadt, war schon seit zwei Jahren dort, und er fährt ständig mit dem Navi. Zu seiner Arbeit gehörte es auch, dass er zu verschiedenen Adressen raus fahren sollte.

Einmal wollte sein Chef ihn plötzlich zu einer anderen Stelle schicken, aber der Chef hat nicht genau gewusst, welches die Hausnummer dort ist, sondern nur, dass dieser Bursche jeden Tag auf dieser Strasse zur Arbeit fährt. Er versuchte es Ihm am Telefon zu erzählen, aber der Bursche konnte es einfach nicht zuordnen wohin er sollte, hat ständig immer wieder nachgefragt. Es ging so lange bis sein Chef einen Wutanfall bekommen hat und sagte, wie kann jemand nur so blöd sein?!

Dies alles nur deswegen, weil diese Menschen so tief in die Technik vertraut hatten, dass Sie vergessen ihren eigenen Verstand zu benutzen, dadurch sind sie wortwörtlich dumm geworden.

Ich sage dies nur, dass, wenn Technik da ist, das durchaus gut ist, aber Du musst natürlich auch Deinen eigenen Verstand benutzen.

12. Kapitel - Verschiedene Ratschläge

Wenn Du merkst, dass die Anrufe und die Bestellungen für die zukünftigen Zeiten zurückfallen, dann verstärke Deine Werbungsverteilung. Ergebe dich nicht in Dein Schicksal, bestimme Dein Schicksal!

Du musst ein Jäger sein, auch bei der Auftragsbeschaffung und dann suche die Gesellschaft solcher Leute, die auch das Leben und die Zukunft gestalten, und meide jene, die das Leben stoppen oder die schon ausgebrannt sind.

Arbeite mit reellen Stundenlöhnen, er braucht nicht zu hoch zu sein. Wenn Dein Gewinn durch Ersparnis beim Stundenlohn hoch ist, ist das zwar gut, aber du wirst weniger Bestellung haben. Es ist besser, einen mittelmäßigen Stundenlohn zu haben, denn dadurch hast du ständige, für jeden Tag voraus planbare Bestellungen.

In Wirklichkeit produzierst du alles mit Deinem Verstand, schütze Ihn also.

Nehme keine Drogen oder Beruhigungsmitteln. Mach nichts was Du zurückhalten musst und nicht sagen darfst. Die Wirkungen von schmerzhaften Geschehnisse aus der Vergangenheit kannst du so besser vermeiden, wenn du in die Zukunft schaust, wenn du die Zukunft gestaltest, von der Gegenwart aus.

Für die tägliche Arbeit musst du jeden Tag kämpfen. Immer wieder, immer wieder, immer wieder; wenn du locker lässt und denkst, dass ab jetzt alles schon von allein geht, dann ist das der Anfang vom Ende.

Schau ständig in die Zukunft! Was Du erreichen kannst, das gibt Dir Kraft!

Das, was Du in Zukunft siehst, was Du erreichen kannst, das wofür es sich lohnt zu arbeiten, das gibt Dir Kraft!

Wenn Du Dein Ziel inzwischen verloren hast, dann lass es wieder aufleben!

Ein Beispiel dafür, wie man sich über die von der Allgemeinheit akzeptierte Vorstellung erheben kann:

Auf einer Konferenz war eine Frau, ein Buchhalterin. Sie hat eine Buchhalter-Firma aufgebaut. Sie sagte: Wie Sie als Buchhalterin angefangen hat, war die allgemeine Meinung, dass ein Buchhalter nicht viel verdient, weil der Stundenlohn relativ niedrig ist, und man kann nicht so viele Kunde besorgen.

Sie hat diese Idee nicht geteilt, und hat für sich selbst als Buchhalterin stark geworben und - Moment mal – sie hat 85 Angestellte! So hat sie für sich selbst den Wohlstand gemacht.

Nachwort

Mit diesem kleinen Büchlein wollte ich Dir eine Vorstellung vermitteln, was man verwirklichen kann.

Habe die Fallen auch aufgeschrieben, die ich selbst erfahren hatte, und auch das, womit Du Deine eigene Kraft vergrößern kannst.

Es kann möglich sein, dass ich nicht mit allem Recht habe und es sind noch bestimmt viele Methoden womit man Wohlstand erreichen kann und es wird bestimmt ein Unterschied sein zwischen meiner Umgebung und Deiner Umgebung, wodurch die Möglichkeiten, die Gegebenheiten anderes sind, aber das, was ich über Deinen Verstand geschrieben hatte ist wahr. Beobachte die Dingen gut. Man muss fleißig und wirksam arbeiten und dann, als ersten Schritt, erreichst Du Wohlstand.

Für viele Menschen ist es genug.

Aber wenn du Millionär sein willst, dann macht es - das Leben ist ein Spiel! Ich wünsche Dir von Herzen, dass du Millionär wirst.